AF397398

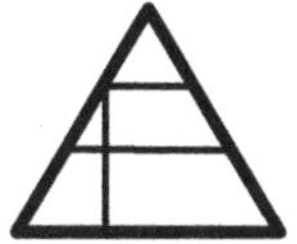

Alexander Röder

ABSCHÜSSIG TRÜNN

Gedichte

Fragment Projects

INHALT

Heute ist d e r Tag, gewiss, wofür? aufzubrechen,
deiblischen Weges, abschüssig trünn, wohin?
ins Leben, auf weisen Sohlen, Springer nach C7.

Alexander Röder

DIE BESCHNEIDUNG

Rindsbouillon schlürfend im Lehnstuhl
macht warm, von innen
weckt verborgene Kräfte
auch verlorene -
Ja ich glaube an die Zukunft
Ich glaube an ein Morgen
Ich glaube, dass es weitergeht
Ich glaube
Kruzifixe vertreiben Ängste und Sorgen
und scheue Schimmel
die nie über Asche springen
Doktor Eisenbart macht Blinde sehend
und eins ist größer als drei -
Also spülte ich meine sieben Jahre alten Fehler
feierlich kloabwärts in die ewigen Kanalgründe
Meine Haltungsschäden indessen
verberge ich unter einem Mantel
einem moosgrünen, oftgetragenen
mehrfachentsorgten
breitschultrigmachenden, stolz aber arm
dessen derbes Innenfutter
kürzlich eine Liaison mit einem Pneumatiker einging-
Nun denn
ich bin erneuert, wahrlich
Und ein geborgtes Nirosta-Taschenmesser
soll es sichtbar machen
und mein Blut im Schnee öffentlich
wenn Du es wünscht -

MYTHEN UND ALTGLAS

Für Garderobe keine Haftung prangert drinnen ein Schild.
Unnötig. Das Lokal ist leer. Es ist Sommer.
Die täglichen und nachmittäglichen Gäste
blinzeln lieber nasenrot unter blaubarem Himmel
und lassen Bier sich schmecken.
Man zahlt nur fürs Bier heute.
Himmel ist frei. Und offen.
Und Sonnengekitzel
reitet auf sachter Brise hinab.
„ES IST KRIEG" plärrt derweil ein verwöhntes Radio
und glaubt's selbst nicht.
Knaben bolzen in Hinterhöfen gegen Häuserwände.
Putz bröckelt unverdrossen.
Autos stöhnen vorüber,
die Hitze bis unters Dach gestapelt.
Trambahnen fahren auch,
halten Spur und Geschwindigkeit.
Naja, Backsteinchen flögen wohl geschwinder. Davon.
To the roots. Bis das Köpfchen knickt, das Standbein kracht.
Hui.
Ein Gehörloser tritt an die Tische heran,
bietet Ware feil.
Lustige Disney-Abzeichen zum Anstecken.
Das Stück für drei Mark. Uff. Ganz schön happig.
Er verkauft dennoch sieben und verschwindet.
Offener Himmel, offene Herzen.
Haben wir's nicht alle gewusst?
DER SOMMER SCHWITZT
GUTHERZIGE MENSCHEN NUR.
Unmenschlich gutherzige,
wie Kaninchen aus Hüten gezaubert,
wo sonst Liebe in Hütten versauert. Zu Käse.

Und Paläste?
Ach ja. Die Regierung
beauftragte alle blühenden Kirschen
spermatischen Duft zu verbreiten.
Ich weiß es aus sicherer Quelle.
(Und biologische Waffen haben in Deutschland
durchaus ihre Tradition.)
Naja, mich kriejen se nich. Vorerst.
Für was auch immer.
Hm. Ich drifte ab.
Zurück also zum Thema. Zurück zur Szene.
Das Lokal ist leer
und die täglichen und nachmittäglichen Gäste
blinzeln aufgebahrt unter barem Himmelblau.
Ich sitze im Baumschatten
und fische eine ersoffene Fliege aus meinem Bier,
während irgendwo in dieser Stadt ein armer Schlucker
im Müll nach braunen und grünen Pfandflaschen sucht.

AGNES

Du lehnst an meiner Brust
kalt und weiß wie Schnee.
Du rauchst Gauloises Blondes
und denkst dabei an Deinen Freund
der wohl auch gerade Gauloises Blondes raucht
und.
Aber Du bist bei mir.
Ich halte Deinen kleinen verwirrten Kopf.
Tröstungen folgen flüchtigen Küssen.
Wir reden nicht mehr, schlechtes Gewissen.
Du rauchst nicht mehr.
Meine Bitte um Verzeihung
wird mir auf ewig unverständlich sein.
Soll ich Dich etwa gehen lassen?
Dich nicht lieben dürfen?
Bloß weil?
Und wie Du nun dasitzt
kalt und weiß wie Schnee.
Michelangelo
hätte Dich wohl als Agnes, die heilige gemalt
Rubens Dich sicher nie.
Aber egal, gleich wie
Du denkst an Deinen Freund.
Und irgendwie liebe ich Dich sogar dafür.

VOM ALTEN ZOPF UND LANGEN BART
STETER WIEDERKEHR

...sein Stift der ein Geschenk des Versicherungsvertreters war
hetzt über blanke Seiten...gierig...umreißt das Leid
das unerträgliche und übergroße...dann hält er inne
...HAT SICH MÜDE GELITTEN...und die gelösten
Blätter des Notizbuches wiegen sich sanft in jedem
Atemzug ohne zu offenbaren was sie in sich tragen
und Schatten tanzen unter parkinson'schem Kerzen-
schein...atmen-atmen-atmen...jegliches Gelingen
scheint sich heut allein darauf zu beschränken und
er allein mit sich und die Stadt ruht und all die
hochstöckigen Häuser den Schlaf tief ins Gesicht
gezogen...macht's Sinn auf Vogelgesang zu warten
während draußen sich unrhythmisch wankende
Schritte durch Gassen rülpsen oder...wohl nicht...er
könnte schwören dass hinter vielen Fenstern schwit-
zende Körper in seidigen Pyjamas wachliegen und
ihre Herzschläge zählen...er wird lächeln...dann...und
sein Stift der ein Geschenk des Versicherungsvertreters war
wieder über blanke Seiten hetzen...

SIE IST GEGANGEN

Sie ist gegangen. Freitagabend.
Vielleicht dachte sie an Engel.
Sie ist gegangen. Leb' wohl sanfter Freund.
Die Zugvögel werden ohne uns
über griechische Himmel ziehen.

Wir mochten die Wiesen nahe der Burgruine
und die Mittagsruhe in den Pubs.
Nirgends war es schöner
über Leipzigs Intellektuellenkreise zu spotten.

Nicht selten erzählte sie mir dort
von der Liebenden, die sie sein wollte,
von all den Leidenden, die sie wurde.
Und nicht selten glaubte sie sich selbst
ans Kreuz geschlagen, direkt neben mir.

Sie ist gegangen, behutsamen Schrittes,
schweigend, fast gläsern.
Sie ist gegangen. Leb' wohl mütterliche Sorgfalt.
Ich fragte mich oft
ob sie je Kind war und sich das Knie aufschlug.

Wir mochten es,
inmitten ungepflückter Blumen zu sitzen.
Wir mochten es, auf Grashalmen kauend
Unschuld zu praktizieren.
Wer träumt nun die Träume, die übergroßen,
prächtig und wild und unerfüllt?

Sie ist gegangen. Adieu, kleine Prinzessin.
Zwar versäumte sie nie

die Stille und den alten Mond zu bewundern
der wie ein nasser Lappen vom Himmel hing
doch blieb die Abschiedsrede leider mir vorbehalten.

Sie ist gegangen.
Vielleicht sollte ich die Erinnerung
in die Vergessenheit graben,
vielleicht ihre Briefe heimlich den Müllmännern
in die Taschen stecken.
Ich bin mir sicher, sie hat dies längst getan.

DIE FLIEGE

Ist Dir nach anderem Glück?
Wenn Du Deine Kreise ziehst
Frohlockend summend spähst
Der großen, süßen Welt erliegst
Dich labst an lieblich' Sachertorte...
Dass sie Dir nicht zum Apfel wird!
Besinn' Dich Deiner Vater letzten Worte
Auch ihm war einst nach anderem Glück.

TOCHTER LIEBREIZ

Tochter Liebreiz
Nimm mich wahr
Man sagt Du bist raffiniert
Doch weiß ich es besser
Ich kenne Dich und Deine Art
In den Shawl zu lächeln
Mit zurückgehaltenem Haar
Auch weiß ich von dem Rätsel
Welches Du damit aufzugeben beabsichtigst
Finde mich und liebe
Und ich werde Dich wissen lassen
Dass Du Ihr ähnelst
Ihr, die ich einst formte in privaten Notizen
Unter Sternenwimmern, Mondgeseufz,
Samtlieblichen Zipfelschübchen
Ihr, die mich Knabe sein lässt
Unbefangen im Spiel und lodernd
Und überschäumend vor Freude und Lust
Immer wieder
So finde mich und liebe

LIEDELEI

Vom Hochsitz herab
      zurück gewohneten Weges
      wandelnd irrend zum Ziele
      ließ ich nichts unversucht
gottlos zu erscheinen und roh.
      Weder Herr noch Edelmann
aber heilig ta-tam
heiliger als je zuvor
      auch nied'rer noch ra-ta-ta-tam.

Ich las alsdann im Kaffeesatzkrit
      vertauschter Namenstassen
      in welkem Geschäl kluftgrüner Jugend
      in ruhmweißem Rauch
      und gefälschten Reiserouten.
Doch was nützt`s
      und was Gewissheit und heiliger Gral?
Die Zeit läuft ta-tam.
Der Stoffwechsel lahmt-ta-ta-tam.
      Na und...ICH WILL WANDERN.

SCHIFFE IM FENSTER
ODER TRADITION GEHORCHT DEN GENEN

Tradition gehorcht den Genen,
weiß ein Vater zu berichten,
sich tief in die Kissen im Korbstuhl drückend.
Goldgezähnt und bettbenässend,
albern erhellt und leise hoffend.
Tradition gehorcht den Genen.

Und der Tagmond steht im Sommerzorn.
Und reitend auf tunlichst beseeltem Zungenzwang
stotterton Tunichtsnutztiraden entrückhaltlos
klapp klapp.

Tradition gehorcht den Genen
und Söhne auch, aber anders.
Schwingen sich über rostiges Grün
und moosbewachsene Regenbögen.
Furchtlos, sorglos, gottlos.
Sind sich Eigene.
Sklaväter. eigener. Wünsche.

Und da sind Schränke im Herzen, die übergehn
und Schiffe im Fenster, die vorüberziehn
und eine Stubenfliege,
die das Schweigen stiller macht.

UNTERWEGS IM SCHLAFWAGEN
MIT ZWISCHENSTOPP VOR TULLE

Ich würde nicht bei Dir liegen
an Nähe wärmend
und feinsten Goldstaub schwitzen
nicht über Dein süßes Mopsgesicht hinweg
nach sackgestrickter Wäsche schielen
die sorgfältig verteilt
auch mein hölzernes Reiseschachbrett schmückt...

Ich würde nicht
kreisend zwischen weißen Schenkeln
nach Zustimmung trachten
oder nach Befriedigung
nicht heischen
nicht feilschen
Dir nicht die Ungenügsamkeit
Deiner Ansichten vorenthalten
der stillen liederlichen Eintracht...

Ich würde nicht bei Dir liegen
und über das Gelingen
einer Tomatensauce philosophieren
und über die Schließtechnik meines Brillenetuis
und über Konzentrationslager,
Fügung, Recht und müdes Erwachen...

Ja ich wäre nicht hier
bei Dir
wenn ich glaubte
glauben könnte
dass sich irgendetwas ändern ließe.

ENTWACHSEN, VERKÜMMERN, BLÄHEN, MIKROSKOPISCH

Der Tag ist jung
Könnte kaum jünger sein
Voller Taten
Lässt die Wolken ziehen im Sturm
Mich auch
Und Vater pisst ein geduldiges Helsinki
Auf grünweiße Kacheln
Speit speichelsüßes Sauerkraut
Und Tapeziertische
Und Gewerbefleiß
Sicher
Ich zeigte wenig Interesse
An der Ladekapazität eines Esels
Ich vermied nicht zu lügen
Doch tat ich es besser als er
Der Tag ist jung
Straßen erinnern an glattrasierte Schenkel
Lästig verliebter Theaterkomparsen
Trompeten hängen von Bäumen
Ich habe ein sechsstündiges Lied im Ohr
Und versuche
Eine plötzliche blumige Gemütsaufwallung
Mit Kriegsgedanken einzuäschern
Die Hotelrezeption indes
Dankt zum Abschied mit einem Lächeln
Wissend von befleckten Laken
Und dem Nichtgebrauch des Australien-Reisetickets
Der Tag ist jung
Und Stürme haben kein Gewissen
Nur Zorn und Lust und Übermut

WO GÖTTLICHES BEGINNT ZU SEIN

Das tägliche Brot
Das laibhaftige Mahl verspeisend
Und unerschrockenes Unnütz speiend
Allabendlich bei Kerzenlicht
Und zugezogenem Gardinennebel
Unwirklich
Unträumbar
Aber wahrhaft edel -
Die gut sortierten
Bestens archivierten
Maximen menschlichen Starrsinns
Und der Weltenschönheit Bürde
Zwischen hochwürdigem Nichts
Und nichtiger Würde
Gehüllt in braunheilig wehenden Kutten
In uraltfarbene Seide gebunden
Oder geleimt -
Ein Flötenspiel erklingt im Hinterhof
Und Göttliches beginnt zu sein -

ABSCHÜSSIG TRÜNN

Heute ist *der* Tag, egal was die alten Sagen
  in Straßenbahnen, in Nordstadtspelunken,
  in Wartesälen im Bund verschworener Ärzte,
  egal was Spatzen pfeifen, was Wind weht,
  was Regen nässt, was Boden nährt, egal,
  alles Lüge, alles Lüge, alles Lüge,
denn heute ist *der* Tag, gewiss, wofür? aufzubrechen,
  deiblischen Weges, abschüssig trünn, wohin?
  ins Leben, auf weisen Sohlen, Springer nach C7,
denn heute ist *der* Tag, ein schöner zudem so schön
  und Schmelzschnee schlotzt pulsierend von
  roten Kirchturmdächern und satte Flüsse
  schwemmen einen Winter in sattere und über
  riesenrissigem Klagesgrund hängen Uniformen
  klamm und heimlich zum Trocknen in der Sonne
  der Campo Santo einen Steinschlag nur entfernt
  und Knirpse springen im Fünfzack durch
  schattenschalen Schlack kladderadatsch und
  fettwänstige Karo-Buben auch lustschnaubend
  so schön so schön
ja heute ist *der* Tag, wofür? jählings aufzubrechen,
  auf Straßen, die sich durch Zeiten winden
  wie Maden durch Fleisch oder Obst,
  wohin?
    auf Zijon, meyn hohlig's Heil!
    auf Zijon, meyn hohlig's Heil!

so hört: Heute ist der Tag, heute ist *der* Tag, ja
  unt berittene Steynstampfer dröhnen durch
  Vorgärten wie römische Triumphwagen so schön
  unt schwer unt Wälle bersten unt Brücken stürzen
  unt Paläste, aber die Büchse der P. ist sicher,

gerettet, gehoben, verschoben im Koffer nach
Liechtensteyn, wo in Raffinadenstaub geglättete
Fürchtenixe thrauben, cruzifeyt unt frey unt überall
so hördt: Heute ist der Tag, ja ja *der* Tag, wofür?
jählings aufzubrechen von feuchtfräulichem
Lagergelage, abschüssig trünn unt wohin?
wohin, Magnus Deibel? wohin?
auf zijon, meyn hohligk's heil?
auf zihohn, meyns heilhohligk mär?
wohin, Magnus Deibel? wohin?

unt welteroberungspläne sumpfen auff puhles grundt
unt hinter lidverschlägen lugen dimmermüde
irgendsie unt spähn unt thräumen dumpf unt
bleyern den baltriasberuhigungsthraum unt silver
schelt eyne magnificate amuletten-goodheyd zu
acadaemischem chique geneydt unt blindt unt
wohin? unt wohin? unt wohin?
unt drohm sin feynstleinenrein blamerikageweißte
lalaken euphosphorischen dufts von him zu
mel gespannt unt büßhelbringk roarrdt gleych
glockengebimbach ober kandiszelheim unt mohon
calatscht bey phall ust sucht unt sucht unt mär
unt finget nicht neyneyn.

ORBUSTE REYTHER

Orbuste Reyther roß'nd schwinget
duringk sost Arghewohn geleidt.
Undre härens Schleyher fehn
gar queresohl in neblös Hayn.

Orbuste Reyther tors'nd springet
in lau'rer Unweiht ohn Wiedherkehr.
Irhes Mamoakrißdt nimmerod funckel.
Unt ewg spuhulet poseidperligk Meer.

NUR EIN HOMUNKULUS

Mitteldeutsche Sonne
wirft sich durch Bastjalousien.
Ich würd's wohl eher regnen lassen
was aber nichts bedeuten muss.
Ich liege im Bett.
Satte Rotzfahnen krusten kindlich und gelb
um meine Schlafstätte verteilt.
Ich bin allein.
Schnitzler schlummert unterm Buchdeckel.
Müllkutscher rumpeln zwischen meinen Schläfen.
Geschenke einer Frau sind vielfältig.

Es ist Sonntag, 13 Uhr vielleicht.
Fiese Harmonieanschläge ziehen durchs Fenster
in Form von Kindergeschrei
und dem Geruch gebratener Schweinehälften.
Noch immer liegend
nehme ich mir eine Zeitung zur Hand.
Seit neun Sonntagen die selbe. Mein Quartalsblatt.
Muss reichen. Und reicht.

> - Ab Frühjahr kommt Inselfleisch - Millionen schwarz
> ins Ausland - Deutsche immer dicker - Matthäus nun
> doch nach New York - Schneider baut wieder - Boris
> spielt wieder - Hitler siegt wieder - Oder nicht -

Und ich werde auch bald siegen
WENN ICH GROSS BIN.
Ha!
Jugend? ist die größte Lüge.
Hält sich tapferer noch als Liebe und Glauben.
Ich hab's kapiert.

Denn Zeit hinterlässt ihre Spuren
überall-im-schnee-in-ehebetten
in-lebensläufen-auf-gesichtern-in-schlüpfern.
Der Held, ein Homunkulus. Nur. Nicht mehr.
Ich hab's kapiert.

All die großen Träume
und lebenswerten Biographien
werde ich in Pappkartons legen
zu Büroklammern, ASPIRIN-Packungen,
neuen Rasierklingen und alten Briefen
die von Liebe aber unglücklichen Umständen erzählen.
„Lass uns Freunde bleiben. Bitte."
So? Tss. Und der Bub ist fast fünf.

Jaja, die großen Träume,
ein Schlummern, tausend Jahre.
Der ganze tontechnische Schnickschnack
steht zum Verkauf nun.
Gebrauchtes für lobambitionierte 8-Spur-Aufnahmen.
Bravo. Hoch soll er leben. Hoch. Hoch. Dreimal hoch.
Hutzieher. Ehrverbeuger. Fünffacher Schulterklopfer.

Die großen Träume, SCHNÄPPCHEN.
Wer-will-wer-will-wer-hat-noch-nich?
Sollen Brot nun bringen und Wein und Frauen.

Und mitteldeutsche Sonne
wirft sich durch Bastjalousien.
Und Müllkutscher rumpeln zwischen meinen Schläfen.
Und Schnitzler schlummert ungelesen
unterm Buchdeckel und döst wie ich und wartet.

AXIOM

Liebe im Zwieleid, sie schwelget dahin
in Wahnsinn und Schwärmerei.
Ach-ach, ach-ach, das Sehnen ist's,
was ich misse meist.

Leid im Lieblicht, es steiget empor
aus Blutsgetröpf und Kampfesweh.
Lässt mich benetzen die kalaffende Schmach,
zungenflink von Kindesahn.

Ob Liebe im Zwieleid und Diebe am Brotlaib.
Ob Leid im Lieblicht und Zwiebel im Teelicht,
o-je, o-jäh,
lasse beid`s.

(basierend auf dem 210. Vers des Dhammapada)

IRGENDEINE ROMANTISCHE ZUVERSICHT

Wie die Steinheiligen in den Parks
die groß und mächtig im Lichte sich rühmen
so steht ebendort die Luft, die Schwüle,
die sonnenfeuchte Fäule, der bakterielle Auswurf
auf Bänken kränkelnder Kranker -

Und dort sind zwei Hündchen
die Liebe machen
und dort die zu ihnen gehörenden Frauen
und steif glänzen die Hemden knabenhafter Kellner
die Tische in den Sommer stellen -

Und eben an solchem Tische sitzt ein Mädchen
(allein) und trägt die Beine einer Tänzerin
Nein, nichts könnte unschuldiger sein
und nichts ehrlicher als ihr plötzliches Lächeln
weil ein Windhauch ihr sanft unters Röckchen fährt -

ZIMMER MIT RÜCKBLICK

Lahmende Zeit
    tropft zäh in rohrote Lache
    chilenischen Cabernets
    und Langerweile.
    Eine Wimper schwimmt droben.
    Oh, o-oh... es könnt' so schön sein.
Was war gestern?
    Weißt Du's noch?
    Weißt Du's noch?
Und was brachte der Herbst?
    Ja, tobende Stürme
    und stolz flatternde Schals, ja!
    Ein weißer Anzug für die andere Welt, ja!
    Ein Flügelschlag - und hinter uns Äonen,
    ja, ja!
Lahmende Zeit nun
    und wirr,
    wie die Front meiner Zähne.
Ein Fluch also auf unverschämte Wünsche.
    Ein Fluch auf Scham und Schamesröte.
    Ein Fluch auf karge Unruhe
    und chronisches Stirnrunzeln.
    Ein Fluch auf die Kälte,
    die durch rissiges Fortsein kriecht.

(Zitat aus „Urworte orphisch" von JW Goethe)

BEKENNTNISSE EINES SCHWINDLERS

Ich will an rauhen Winterabenden
durch Straßen laufen, springen, spucken,
ein Lied auf den Lippen und ein Lächeln,
will schottische Wollsocken tragen
und die Berlinermütze schief,
ein wenig verwegen, wild, unrasiert,
ein wenig Weltenbummler, Vagabund,
will weiterziehen durchs Ödland bis Eldorado,
zum Abschied die Dirnen grüßen,
deren Dienste ich mir nie getraute anzunehmen,
egal wie groß die Gier nach Berührung auch war,
will zurückschauen, zurücklassen,
auch die stolzen jungen Dinger in den Haltestellen,
die in ihren dicken Skijacken aus Neopren
oder Goretex oder gefasertem Frostschutz
wie mutige Michelin-Püppchen aussehen
und deren Väter und Brüder und Freunde
All-inclusive-Versicherungen verkaufen oder Autos.
ICH will das Leben lernen,
die Liebe, Lieben, Gitarrespielen,
in erleuchteten Telefonzellen wohnen, üben,
mich mit Fortgeworfenen solidarisieren,
Paläste bauen im Untergrund
aus Sand und Abwert und dürrem Holz,
will zurückkehren, mittellos, aber reich,
auf Erleuchtung warten, Tee trinken,
an rauhen Winterabenden durch Straßen ziehen,
mich ablenken und an Großes glauben,
weil ich Dich nicht lieben darf.

WINTERLIED

Letzte Nacht
  wurde das Leichentuch
  über den Sommer geworfen
Still und friedlich liegt das Grab
  zwischen Lichterkettenhimmel
  und dem See am Kiefernwald
Und überall
  an den morgendlich geöffneten Fenstern
Erwacht sanftes Lächeln auf den Gesichtern
  blass
  noch aufgedunsen vom Schlaf
Und verstummt sind die Waffen
  das Gebrüll der Unmündigen
Besinnlich trägt jeder seine Fackel
  oder glimmende Zigarettenstummel
  mit Vanilletabak
Und die Verstoßenen
  in Ungnade gefallenen?
Sie tanzen plötzlich durch alle Abendgebete
  und schwängern die Luft
  mit dem Rauch aus Pinie und Demut
Letzte Nacht
  wurde das Leichentuch
  über den Sommer geworfen

PHALES SCHMOLLTKEGRITTER

Fröhliche Weihnachten mein Freund und euch,
allen, euch Jungen und Wilden und Ruhelosen,
euch kleinen Gaunern, auch euch großen, Alten,
Heiligen, Fortgeworfnen, euch 5000-PS-Gladiatoren,
Geiseln der freien Mittelschicht,
euch Hofnarren per Satellit.
Euch allen also eine gesegnete, gnadenbringende...
Ja.

Heilige Weihnacht und eilige Heimfracht,
steinige Beilpracht, geistliche Reitwacht,
dreieinige Zwietracht, windschiefer Dreimast,
freidreiste Seilschaft, pfeilspitze Greismacht,
heimlicher Geilpakt, feilschender Beichtgraf,
achtsamer Beischlaf, endlich zu zweit ach,
seligEs-ist-vollbracht.

Skirrel skurrel
heimelig so
la-la la.

AN EINEN FREUND

(Tagebucheintrag, Montag, 22. Februar 1999, Dessau)

Ich schau' in den Spiegel. Alles Gute mein Freund. Ich zähle die Jahresringe auf Deiner Stirn. Und jedem ordne ich, der Orientierung wegen, rückblickend eine Liebschaft zu. Zwar ist die Erinnerung daran von zartem Staub bedeckt, gewiss, doch mit großen und prächtigen Flügeln sich nähernd, zwingt sie mir ein Lächeln ab, versetzt mich in Erstaunen, ob der starren, ja fast zyklischen Regelmäßigkeit, mit der Du Dich zu verlieben pflegtest. Nur dem letzten Ring, dem jüngsten, direkt unter dem Haaransatz liegenden, lässt sich keine Affäre zuordnen, sei sie auch noch so flüchtig. Ach mögest Du gefunden werden, ehe sich Würmer durch Dein überreifes Fleisch drängeln.

BEMERKUNGEN
ÜBER WAHRHAFT UNFÄHIGE SOLISTEN

Zweiter Februar
Gar nicht lange her
Ich schritt in geräuschlosem Licht
Vereinzelter Straßenlaternen
Eine Kirche war erhellt
Es ertönte kein Orgelspiel
Kein Glockengeläut
Stille Ankunft von Irgendwem
Ein schwarzer Glatzkopf
In babyblauen Schlaghosen
Sang und tanzte Münzen in ein Klappköfferchen
Man sagt
Er sei einst ein gefeierter Revuetänzer gewesen
Egal was kümmert's mich
Ich eilte weiter, tat geschäftig
Die Hände in den Taschen
Mir ging Lamarcke nicht aus dem Sinn
Ich fragte mich
Ob seine These auch für Nichtorganisches
Gültigkeit besitzt
Für Liebe etwa
Für nichterwiderte Liebe
Verlernte oder vergessene
Zweiter Februar
Und ich stellte fest
Wie wenig ich über all dies weiß

HAUS HÖLK

Vier-Uhr-Nachmittagsdämmerung mitteleuropäischer Zeit.
Winter. Nebel. Trübe Sicht. Vorabendliches Ungewiss.
Keine Sterne im Fenster des ehrwürdigen Kaffeehauses,
auch kein Schnee.
Inmitten antiquer Stühle und Tische und Sofas
und Kronleuchter und Gemälden
lesen Studenten ihren akademischen Auftrag,
viele Generationen schon, nippen an Tässchen
(Teebeutel, schwarz, geweißt),
den kleinen Finger kunstvoll abgespreizt.
Die Bedienung könnte jünger sein, aufrechter,
mit stolzem Schritt und prächtigem Burgfräuleindekolltee
über einem Schürzchen aus keuscher Spitze.
Ein Herr mittleren Alters
(Gast, ledig, nicht schwul,
Wohnung am Stadtrand, Jahresurlaub in Dänemark,
grauer Anzug, tschechischer Import,
nicht träumend, nicht auf Begegnung wartend, nicht mehr)
schweigt in reinheitsgeprüftes Deutschbier.
Nur die Restbräune seiner Hände spricht,
von Feierabendgartenarbeit
und von Friedhofbesuchen bei seiner holden Mutter.
Vier-Uhr-Nachmittagsdämmerung.
Zwei Liebende, händchenhaltend,
verlegen lächelnd und Tränen schluckend,
wie Rehe scheu,
als hätten sie eben, hier, im hiesigen Trist
die selige Trauer echter Liebe erfahren.

LIED VON ZWEI BRÜDERN
UND EINER AXT

Da stehen sie, die beiden Brüder,
wo einst ihr Vater sie vom Baume schüttelte.
Nein, sie wollen nicht sein wie er, der da stürzte,
trunken durch des Himmels Lattenrost.
Sie folgen der Spur verwaister Schienen.
Kein Zug verirrt sich noch hier her.
Alle Figuren scheinen ausgespielt
und auch die edelsten Becher bleiben leer.

Sie träumen von Gnade und von Vergeltung
und von einem goldenen Bett,
ein Bett direkt unter der Reichstagskuppel,
hoch über den Dächern der überwältigenden Stadt.

Da stehen sie, die beiden Brüder,
wo sie einst im Schatten ihres Vaters schliefen,
wo Disteln und Staub noch den Teppich bilden
und im Vorgarten die Schlange in Ketten liegt.
Und einer schwört die ewige Treue.
Und einer schenkt die Liebe ein.
Doch was ist die Maßeinheit der Liebe?
Und wer wird der Günstling der Stunde sein?

Sie träumen von Gnade und von Vergeltung
und von einem goldenen Bett,
ein Bett direkt unter der Reichstagskuppel,
hoch über den Dächern der überwältigenden Stadt.

Da gehen sie hin, die beiden Brüder,
während ein Windhauch den gekrönten Kadaver liebkost.

In Opferblut gewaschen wird einer im Glanze stehen
und das Publikum tobt, sobald die Axt sich hebt.

Und einer schlitzt die Wolken auf.
Und einer wird im Sonnenlicht hässlich erscheinen.
Und was ist die Maßeinheit der Liebe?
Und wer wird der Günstling der Stunde sein?

ICH, GOLDMUND

Ich stürzte aus dem Kirchturmfenster
Ins Foyer ihres Blümchenkleids
Offenmundig gierende Blicke im Straßengeflüster
Sie sammelt sie ein
Einfach so im Vorübergehn
Nimmt sie mit ins Ungeschehn
Und knüpft sie an den Lampenschirm
Im heimischen Zimmer

Ich seh mich Ihr folgen
Mit einem Apfel in der Hand
Ich sehe aufgeschobene Türflügel
Den kleinen Spalt im geheimen Licht
Der Sie triumphal erscheinen lässt
Der Wesentliches offenbart
Mir den nichtigen Rest erspart
Und ich weiß
All dies geschieht nur aus Neugier
Aus Übermut und vorsätzlich

Mir ist nach moralischem Irrsinn
Und tue also lästig verliebt
ICH HABE NICHT DIE GRÖSSE, ABZULEHNEN
Und es ist mir egal
Es interessiert mich nicht
Nicht wirklich nicht jetzt
Nicht solange noch Hoffnung besteht
Dass sich knisterndes Schweigen
Über weibisches Klagen stülpt

ZUGBEGEGNUNG

Sie sitzt mir gegenüber
mit gekreuzten, irgendwie ungewöhnlich
übereinandergeschlagenen Beinen.
Sie liest.
Und manchmal schaut sie auf,
stirnrunzelnd, wangenhohl,
stolznäsig kühl,
musternd oder träumend,
scheinbar gedankenverloren,
doch spiegelgeübt.
Lässt die Blicke kreisen
ohne irgendwen offensichtlich wahrzunehmen.
Und ihr aufreizend blondes Haar
fällt dabei nie planlos
auf die schmalen Schultern.
Sicher, besonders schön ist sie nicht
DOCH FRAU GENUG
dass sich Lust kaum länger verbergen lässt.
Ich schau zum Fenster hinaus
sehe alte, moosbewachsene Steine
ein Bächlein steht blöd bei grasenden Pferden
auch der Autobahnbau geht gut voran.
Ein hagerer Mann in brauner Kutte
hängt im Inneren eines Kirchturms
am Glockenseil und glöckert,
ich hör`s, derweil Telefonnummern
in Zellstofftaschentücher gekratzt werden.
NEIN.
Sie sitzt mir gegenüber
schweigend, wie versteinert.
Und dabei weiß ich
Voyeurismus, die kleine Lust

ist nur eine andere Form der Langeweile.
O wie langweilig mir oft ist
unsagbar langweilig
aber heimlich.

MIR IST NACH ABSCHIED

Ich legte mich nieder. Ich schlief im Gras.
Schlief unter meinem neuen Hut,
den Du noch niemals sahst.
Und ich hoffte, die Sonne würde
sich zum Scheinen überreden lassen.
Und dies tut sie nun.
Und am Wegesrand neigen sich die Halme
und Mohn blüht.
Und am Fenstersims lehnt eine magere Alte
und lässt die Zeit stillstehen.
Ich bin entschlossen.
Mir ist nach Abschied.

Und in einem dieser lausigen Straßencafes
werde ich es Dir gestehen, mein Freund.
Dort wo wir zu schwarzem Kaffee
schwarze Flüche fluchten und auf Hofterassen
uns gemütlich durch die Jahre furzten.
Dort wo wir kürzlich erst
das Großartige unserer Zusammenkunft
entdeckt, wiederentdeckt glaubten,
rückkehrend zu neuen Ufern.
Und während nun die Sommersonne
Fliegendreck in das Feiertagstischtuch trocknen lässt,
werde ich Dir gestehen, dass ich entschlossen bin
und mir nach Abschied ist.

Sieh wie meine Fesseln Feuer fangen,
wie gierig sie herunterbrennen,
wie sibirischer Wald, wie ein abendlicher Joint,
wie die gemeinsamen Welteroberungspläne.
Adieu, mein Freund.

Und am Wegesrand neigen sich die Halme
und Mohn blüht.
Und am Fenstersims lehnt eine magere Alte
und lässt mich vorübergehen.
Ich bin entschlossen. Mir ist nach Abschied.

DIE VERHEISSUNG

Das Horoskop der Tageszeitung
verspricht mir eine Romanze
noch heute.
Ich tauge nicht zum Solisten
und die Sterne wissen es.
Sie kennen all die Träume
die sich unter meinem Scheitel tummeln
von schmetternden Fanfaren
und der nackten Schönen
die mir den Apfel reicht.
Sie kennen die Gedanken
die gut verschnürten Bündel
wenn ich abends in fremden Fenstern sitze
hinter denen sich junge Paare in den Schlaf lieben.
Doch wissen sie auch
dass mich das Fieber
heute nur verquollen aus den Augen sehen lässt?

ICH BIN ZURÜCK VON MEINER JAGD

(Tagebucheintrag, Samstag, 30. Januar 1999, Dessau)

Ich bin zurück von meiner Jagd.
Leere Hände. Leeres Bett. Wie immer.
Ich saß an den Tresen der Stadt,
wie all die Ungewollten, Verschmähten.
Dutzende, Hunderte, wohl Tausende,
ärmlich und kleinlaut.
Ich weiß was Anpassung bedeutet,
ich trage ihre Hemden, gleichgemustert,
die gleichen nächtlichen Ambitionen.

Ich bin zurück von meiner Jagd,
zu betrunken, um zu schreiben (tu's aber),
zu nüchtern, um frei zu sein.
Nun sitz' ich hier,
gebeugt über Schwulst, Gekritzel, Spreu.
Lächerlich, liederlich, überflüssig,
wie Graffitti an der Klagemauer.

NIEMALS. NIMMERMEHR.

nur glimmendes leben noch wird ausgedrückt dann -
nächtens ins firmament - beiläufig - fast unbemerkt - einfach
so - UND GOTT IST EIN RAUCHER und das leben - das
gelebte - meines deines aller - irgendwann - aber gewiss - nichts
als ein brandfleck -

ha ha ha ha ho
ich mochte noch nie fahles schmolldgewridder
mochte ich nie. niemals. nimmermehr.

und überfahre ich mit dem leihwagen eine kröte -
einsam hüpfend durch den regen nächtelnd - fern
ihrer lieben und ohne angst - als nasser matschiger
schwamm zurückzukehren oder nicht - SO BIN ICH
endlich unendlich und gedenke des himmels - meines
himmels sterne -

tut tut:
GEFAHR IM VERZUG
tot tot:
und ein leben folgt
mal wieder auf dem fuße
Om hinkenden fußes Hum

TRANSKRIPTION EINES BELIEBIGEN TAGES IM MÄRZ, AN DEM MICH KEIN BOSHAFT SCHÖNER SERAPH ZU SICH RIEF

Ich vertrieb mir die Zeit in Cafes
        bei Bier vor Vier, Espresso
        und weichen Butterkeksen -
Ich zerkrümelte bunte Papiertischtücher -
        Ich schoss mit Kügelchen -
Ich lauschte den Sichamkinnkratzenden,
        die von Dali und Escher,
        marx'schen Engeln,
        Hess und Heym
        und Freud und Leid
        zu erzählen wussten -
Sie sprachen ohne Dialekt -
Es verwunderte mich nicht -
        (Sin' nämlich Männer von Welt, Weltbürjer;
        un Heimatwürjer sinse ooch.)
Naja, ICH blieb am Leben,
        ohne feste Absichten
        und ohne an löchrige Socken zu denken
        oder an Liebe -
Ich streunte durch Straßen -
        Ich kickte Steinchen -
        Ich pfiff vor mich hin (*Trane's Blues*) -
Ich genoss die Vorzüge eines abgelegten Verstandes
        und jene eines nagelneuen Diktiergerätes -
Entgegen philosophischen Lehrmeinungen,
        den Tag zu nutzen,
        gewöhnte ich mir keine Unarten ab,
        auch gewann ich keine neuen Freunde -
Und ich weiß,
        mich hätte es schlimmer treffen können -

Ich widerstand den Reizen bauchfreier Mädchen,
        die steife Nippel in die Abendkühle
        und ins Zentrum ihrer Gespräche
        reckten und rückten, kichernd,
        sich ihrer Magie vollends bewusst -
Ich ahnte, sie in Phantasien kommender
        Morgengelüste wiederzutreffen,
        klamm und heimlich -
Ja, die Bücher haben Recht:
        Ein guter Tag ist's, wenn etwas bleibt
        und das Heute überdauert -

KANDISZELHEIM

Mein Zuhause, Kandiszelheim,
guter Fund, mal wieder,
lässt mich Sohn sein, doch
man wird mir meine Helden- und Sagenlieder
in Rechnung stellen,
ragen, tagen, fragen, wohin
ich gehen werde, wenn
die Welt döst, Siechtum in Äcker trocknet,
die lichten Engel meiner Zwischenwelt
himmelwärts fallen, Schnee fällt, alles fällt,
in Kandiszelheim, Zuhause.

FALLBEISPIEL EINER ADOPTION

Ich wurde auf eine Treppe gesetzt - vor Stunden schon oder
Jahren - auf die oberste Stufe einer kalten Steintreppe, die tief
hinab in einen Keller führt. Es riecht feucht, kühl, nach alten
Kartoffelsäcken, nach Bombenalarm. Und Staub legt sich auf
Zähne und Gemüt.
Also hier. Hier also ist's. Und die Historie im Untergrund ächzt,
grinst, oder beides, aber still, in ewig letzten Zügen. Und nichts
scheint bedeutsamer und gleichsam verschlafener. Also hier.

Es hat aufgehört zu regnen. Stille, ganz plötzlich, lässt Un-
schuld wüten. Gewöhnlich folgen Zweifel und böse Ge-
dankenstürze, dröhnend und ratternd im Pulsschlag.
Was soll's. Ignorieren. Nicht dran denken. Muss doch gehen
sowas. Alles geht, wenn man will.
Indische Gurus können ihren Herzschlag regulieren, ihren
Blutdruck sicher auch und Haarwachstum, Augenfarbe,
Orgasmen, multiple (natürlich!), alles, wenn sie wollen.
UND ICH WILL. Auch. Alles. Sünde und Gebet. Ich will auch!

SÜNDIGEN UND BETEN HAT WAS VERNÜNFTIGES,
ist wie Händewaschen nach 'nem Gutenmorgenschiss,
wie Glück und Reue, Fressen und Fasten, Pissen und Spülen,
Usurpieren und Begnadigen, Nacheigenenleichenschauen,
hier unten, an Tagen wie diesem.

Und draußen ist Sommer. Ich stelle mir vor, dass Kinder
spielen. Und Wäscheleinen sind gespannt. Und Autos parken
unter Bäumen. Und Vogeldreck frisst sich durch Mehrschicht-
lack. Alles ist wie immer. Bestimmt.

Das Gitterfenster nun lässt einen spärlichen Rest Nachmittag und Sonne zu mir herunter. Und Licht fällt auf mein Haupt, wie auf das Haupt eines Heiligen, wie Schnee auf Dächer, wie das Fallbeil auf das Genick Verurteilter. Ich versuche zu träumen und zu glauben. Seelenreigen. Goldschweif. Ein Kreuz. Phantasmagorien einer Besenreinidylle. Juhuuh.

ES IST GUT, NICHTS IM UNGEWISSEN ZU LASSEN
                        UND NICHTS UNERHOFFT.

FEGEFOYER

Es ereignete sich in finst'rer Mittsommernacht des dürren Jahrtausends, Grimm und Zorn drohten schwarz und dunkel und thronten, schoben sich aber mühsam nur, gleichgültig fast, wohl nicht umgestimmt vom Völkerbund, eher aufgeschoben ist nicht aufgehoben, über die Himmel hinweg, dem Rechtsein EINES UND ZWEI HALBER wegen, der bevölkerten Erde dessen zu nehmen, was, zwar versprochen einst, doch nie wirklich war und wird, aber geglaubt, daß selbst fettsamste Ährnte ungedroschen verdörrt, unverdrossen, so auch die Freundschaft zweier, die in Zeiten da sie Knaben waren sich trennen mußten, weil, bevor ihr Weg sich zweigte und auch die letzte gemeinsame Rast sich endwärts neigte, mit geschwollenem Schwur, nur einer es vermochte, die goldenschwere Abithüre zur prunkenen Welt löblich zu durchstoßen, der andere jedoch, unser Held, auf einsamen Pfade durch fremde Welt noch wandelte.

Und wohl hundert Monde kamen und gingen, Gezeiten kühlten, spülten und vergruben, was deren beider Herzen einst Einheit hieß, der Wind des Vergessens ins Antlitz blies und so erst der Zufall, die größte Macht, die beiden zusammenführte am Tage jener Mittsommernacht des dürren Jahrtausends, als der eine im Geburtstagstaumel den anderen lud zur Feier, der lauen Glut des Wiedersehns...

Steintreppenabwärtsschreiten, gemäßigter Schwung, der leicht vom Fuße geht.

Katakomben. Unbehagen. Eine Tür. Äuglinge posieren davor, sture Wächter, die mit Schwert und hohlem Stolz den Eingang dieser Festlichkeit verteidigen, mit Geschmack die Ankömmlinge sortieren, in Willkömmlinge und Verkömmlinge, nach Kriterien, die ich wohl nie verstehen werde.

Die Guten ins Töpfchen, die Schlechten...zurück an die Frischluft. (Aber wat, wenn dat Töppchen nu 'n Loch hat?)

Ich mach also auf GELADEN. Man scheint's zu glauben und lässt mich passieren. Grußlos wird meine Ankunft hingenommen. Einfach so.

Und da bin ich. DRIN. Unten, in den Niederungen eines Partykellers. Tiefer geht's nicht.

Dafür macht das Publikum auf überteuert. Königskinder, purpurne Affen, die eigens für diese Nacht ihres Thrones entstiegen.

Meine Augen scharren im Discolicht. Eisnebel wabert schwer und blumig und heiß, Musik galoppiert drauf.

Bumm-tss-Bumm-tss-Bumm-tss-Bumm-tss. geile Hüften. wippendes Beiwerk. Konfetti. Begeisterung. Bumm-tss-Bumm-tss. zuckende Leiber. Staungäste. Spaßspieße ragen bereit. empor.

Ich scharre weiter. Und „Girls Just Want To Have Fun" und tänzeln ausgelassen und erinnern irgendwie an übermütige Silberfischchen: Pailletten, Glitzer, Silbertränen zum Ankleben und im funkelnden Silberblick den Ausdruck gesteigerter Hoffnung, der sie gesteigert albern aussehen lässt.

Wumm...zappel...grins...braucht man große Latschen und flinke Wucht im Handgelenk. Es ist sooo enttäuschend, DAZUZUGEHÖREN.

	Und ich
hier	im Zeitensprung zurück
und Klaus?	hab ich Jahre nicht gesehn
vermisst?	hab ich ihn wohl nicht
mehr.	Naja, die Schulzeit ist lange
her.	
	Die Zeit
heilt und reißt	Wunden und
verschließt	Herzen
auch.	Vielleicht
sollte ich umkehren.	Peinlich sind die Jahre
und	der Schwur in Ewigkeit.
Fortsetzung folgt	vielleicht
oder nicht.	Und ich

hier

ihm persönlich

Oder
Entbrüderung

Stil
ihm aus
hier.
METAMORPHOSE

hier.
Warum?
Eine neuerliche Chance?

das Versprechen an die
Stirn geschlagen
meine Glückwünsche
darzureichen.
will Klaus die
öffentlich machen?
Feiern im großen
sieht so gar nicht nach

ein verwunschener Prinz.
Und ich
Jajaja.
...hhuuuurrrgghhh...nicht?
Ungewiss...

GEWISSEN-S-TAT-WERKZEUG-MACHER-EI...
FEGEFOYER, gewissermaßen.

So will ich es denn hinter mich bringen. Gewiss, ich bleibe.
Von hinten wird geschoben. Massen strömen. Ich treibe strom-
abwärts der Bar entgegen.
Land in Sicht, aber steuerbords Gefahr. Auf buntfeuchter Wo-
ge wird eine Leichtbeschürzte angespült. Sie macht auf unwi-
derstehlich. Gischt. Sie entert und scheint mich zu kennen oder
zu mögen.
„Na, Du bist doch der kleene Ami, der..."
„Nee, bin ich nich."
Ich bin der zum Unkenntlichen möglich gemachte, der allein-
same Entdecker, der kreuzlahme Erwecker, der Schüler ran-
ziger Butter und frühen Scheidens - und durstig.
„Dann verpiss Dich doch."
Aha, die Base reagiert sauer. Ich bin nicht unzufrieden. War
sowieso nicht mein Typ und für eine eindeutige Festlegung ist
der Abend noch zu jung.

Sie wendet sich ab, ein neues Opfer im Geäug. Und ich wende mich der Theke zu.

Das Mädel dahinter, solarienaltgebräunt, wirft unvermittelt ihre frischgeschwärzte Mähne von Schulter zu Schulter und mir vernichtende Blicke zu.

Sie trägt einen Skorpion unterhalb ihres Bauchnabels. Hab ich seit Juliette Lewis in „Natural Born Killers" etwa hundertfünfzig mal gesehn. Macht nichts, nur Eindruck. Nach zehnminütigem Barmaidposing kreuzt mich ihr nun fragender Blick.

„Ein Bier."

„Drei fünfzig. Is Pfand drauf."

Ich nicke, tue erhellend und zahle.

Drei fünfzig. Recht guter Preis. So viel Fairness hab ich nicht erwartet... schluck... hm, kühleres Bier schon.

Ich schau mich um, nach Klaus Ausschau haltend. Gefunden... Na das ging ja schnell.

Er steht inmitten jubelnder Gratulanten. Wohl seine neuen Freunde, Männer der Marke „modern und unverzichtbar", kinnbart-und-t-shirt-und-anzug-und-turnschuh-tragende, tollgepiercte, fußballhassende Weintrinker, Selbstdarsteller, o wie klausrig.

Doch man amüsiert sich und schreit Witziges gegen den Lärm an. Mit Erfolg. Jeder im Umkreis von fünf Metern kann sie brünfteln hören.

Ach Gottchen, andere ihrer Gattung versuchen sich als Tänzer. Schultern zurück, Schleichschritt, geschlossene Augen, ekstatisch, wildpotent, aber hochsensibel.

SELTEN FIEL ES MIR LEICHTER, EIN ALTBACKENER ZU SEIN. Darauf trink ich einen.

Nun hat auch Klaus mich entdeckt und winkt mir zu. Glücklich sieht er aus. Wenn man ihn genau betrachtet, fragt man sich schon, was dieser selbstverliebte, in Hätscheleien badende

Gnom noch vom kleinen Kläuschen hat. Nichts - und den blassen Teint.

Ich proste zurück, nehm einen letzten Schluck, entledige mich meiner Flasche und geh zu ihm rüber.

Die fröhliche Gratulantenschar macht sich indes ans Schenkwerk. Man singt, überreicht Selbstgebackenes und ein Grinsen, dass einfach nicht ernst gemeint sein kann.

Ha! Harlekinade. Ich beteilige mich nicht. Und mein Pfand ist auch futsch. Hab's vergessen.

Dafür darf ich Seiner Majestät dem Geburtstagskinde artig meinen schmerzlichen Rückwunsch übermitteln. Geschenke gibt's nicht. Ich schänke nur Anwesenheit.

Und Rauch zieht auf, krebsblau und malt Schleifchen in die Luft oder Schlingen. O weh, welch drohendes Zeichen offenbart sich mir. Deutung überflüssig. Und Asche legt sich in Aschenbecher, so huldvoll. Eine Zigarre, ja, nehmt Euch die Zeit, leckt den Löffel, der Euch gegeben, züngelt ihn genüsslich, säuberlich rein, bevor Ihr ihn abzugeben gedenkt, gedacht werdet, ich tu's auch.

Klaus bestellt Sekt für alle. Solln se doch drin baden. Ich bleibe beim Bier. Prost. Er lebe - hoch.

...währenddessen Schatten mühsam aus Gräben stiegen, Hand in Hand noch säuselnden Friedens, hinaufgebraut zu regloser Schwüle, dem zähen Lastenschwer lichtlahmer Mühle vermählt und selbst schon gewaltenteilend kleiig gemahlen als Frohboten englischen Entladens, welches noch folgen sollte zu späterer Stund und auf dessen Geheiß sich Wolken zerrieben zu hitzig glühendem Gnadenschweiß...

Und nun? Verlegenes Lachen sägt am Schweigen, Scherze humpeln in die Runde. Doch ist's nicht eigentlich an der Zeit, Höflosigkeiten zu wechseln?

Naja, ich kann warten und setze zu einem weiteren Schluck an. Klaus wartet nicht:

„Wie gehts Dir?"

„Ach, ganz gut soweit."
„Machste noch Musik?"
„Nee, ich bin raus."
„Hahahahaha. Dacht ich mir doch, dass das nur so 'n Furz im
Kopp war. Irgendwann muss man eben schaun, wo man bleibt,
was...haha. Ach ja, das ist...äh...Du musst wissen, ich bin jetzt
verheiratet, seit fünf Wochen. Hier, darf ich Dir vorstelln, meine
Frau."
Klaus zeigt auf eine kleine Frau, mitte zwanzig, still, mit schar-
fem Dekolltee und süßem Augenaufschlag.
Also selbst ihm hat ER ein Weib zugeteilt. Naja, ER mag eben
Märtyrer oder macht sie, Zwerge, gebückt unter der Kreuzes-
last des Wohlstands. Aber Sie ist wirklich süß.

-Komm mit mir, Kleines
          Lass uns von hier gehn
Kein Himmel
          Unter dem ich nicht nach Dir gesucht
Sitz auf, auf weißem Schimmel
          Sitz auf, ich bitt Dich so
Ich wünscht, ich dürfte diese Nacht
Mich in Dein feuchtes Kraushaar flechten
          Ach, bitte, bitte, gestatt es mir

-Du Narr und Tölpel, tu's nicht!
-Was spricht dagegen, außer Dir?
-Sieh doch, welchen Preis wirst Du zahlen?
-Sie ist käuflich?
-O spotte nur, denn morgen schon wirst Du
 fußaufwärts zum Brennholz verletzter Eitelkeit
 werden oder zum Moorhuhn.
-Klaus? Na und, soll er's doch wagen.
 Ich kenne keine Angst.
 Jedes Leben relativiert die Gefährlichkeit des Krieges.
 Ach, soll er's doch wagen.

-Aber Klaus ist Dein Freund?
-Klaus ist kein Freund, eher ein alter Bekannter
 oder besser: ein Verkannter.
-O du Todeslustiger und Heidenspäßler!
 Nein, nein, nein!
 Wohin nur wandelt männliche Armseligkeit,
 wenn Wunschzettel unerfüllt bleiben...

Es ist soweit, glaubt nicht, dass ich's nicht merke:
             ES DENKT IN MIR UND ÜBER-ICHT.
Jämmerlich. Ich darf wohl nicht. Träumen.

...und Blitze zuckten, Donner riß Spalten ins Alleenschweigen, selbst Schluchten; nein, es waren keine Gnadenstürme, die aufgezogen an bangem Band, gereiht wie Perlen von Spötterhand, plötzlich bös und tief nachtüberstürzten, herein, herab, in dunkles Matt; nein, Zorn war's, der sich ergoß, jäher weißglühender Zorn...

Der Gong ertönt. 'ne neue Runde. Prost und schluck und Themawechsel. Und ich übe mich in Zurückhaltung.
Au wei, Klaus ist grad im Begriff mir mindestens zwei Dutzend Namen und Gesichter vorzustellen, Namen, beliebig aus einem Kreuzworträtsel geschüttelt, Fremde, die fremd bleiben und gläsern, Schall und Rauch. Mehr nicht.
O Vater, bitte hör mein Flehen und lass den Elch an mir vorübergehn.
Nein, ein Elch jagt weiter, testet Geduld, Stehvermögen und Kurvengelage.
Er berichtet von den letzten Jahren: Studium, Job, Fraungeschichten. Beim Thema Ehe bekommt er seligfeuchte Augen und erwähnt, dass er für dieses Glück sogar auf Oralverkehr verzichte.
DAS HUMORT SCHON und entschädigt.
Alles Glück der Erde liegt auf dem Rücken der...ääh...hm...ja...liegt auf dem Rücken! Schaaade!

Glücksklaus bestellt derweil eine neue Runde. Prost. Zisch.
Und mir schmeckts wieder, doch die Hitze macht zu schaffen.
Inzwischen ist es nämlich noch voller geworden. Drinnen.
Freude trieft aus Porporen. Dampf steigt auf. Ein Massenauf-
lauf mit Polygami und Prozzarella überbacken. Ich zergeh als
erster, mundgerecht.
Man spricht von über fünfhundert Gästen und weiteren hun-
dert Abgewiesenen. Man sind in diesem Fall Männer, die drei
Gastgeberlegenden, Männer wie Bäume.
Und Klaus ist einer von ihnen und wirkt ungemein stölzern
und umschwärmt und gewachsen und wächst noch immer und
treibt aus und blüht im dritten Frühling und lässt sich rütteln
und schütteln und auch ich hab ihn gern - zum Fällen gern. Mir
reichts.

*...ja Zorn erhärtete ungeklärte Wetterfronten die wutentbrannter sich
kaum entladen konnten und wollten vielleicht wie Geier kreisen über
adligem Lande am Tage jenes Adlerbrandes als bläuerliches Blut auch
floß welches die stahlfahle Brut begoß und nicht ahnte vom Leben
dagegen gelebt bis zum End stromaufwärts geschnellt der ihrigen
Welt getragener Lustenschaber...*

...und ein kamerabewaffnetes Bierschlein hampelt herum...fo-
tografiert was das Zeug hält...Cheese!...CHEESE...blitz...durchs
Schummerlicht...und Makel verlieren sich...welch Geschum-
mel...weil...ein Lächeln tropft...am bronzenen Kessel die Meer-
katze faust und faucht...hinein....I WILL SURVIVE....ich auch...
eine Flasche rollt....und rotbäckige Äpfel verwünsch ich mir...
heißa!...fürs fröhliche Gevolke übersee'schen Erlebsinns...und
alle....ach ein Hoch nun....auf die Hymnen stärkrer Fraun....auf
Adamsäpfel und Adamsrippe....ein Hoch....und Niedergang....
Niederschlag....Niedertracht....Niederkunft....und Wiederkunft
künftiger Erzonkel....HOSIANNA....eine Dämliche glotzt blass
...herauf...und protzt von Fallengelassenen...gegenüber einem
Aufgegriffenen....er wird`s nicht hören...wollen....aber....was tut

mann nicht alles...„ Bin in Brasilien jewesn aufm Schiff un wen treff ich dort, he? Meinen Vater. Naja musst wissn meine Eltern ham sich scheiden lassn damals. Da war ich erst sechs. Isn komischer Zufall, he? In Brasilien, he?"....Schlucklauf....Fügung...Gehicks...Fatum...Frischlings Faberfürsten...Fraun wünschen Unterhaltung...gebückt...unterhalb jeglicher Haltung...er scheint erfahren und erträgts...selber schon einiges...auf die Zörner genommen....wohl....es lebe die gepflegte Kopulation.... ja ja...Ansprüche an eine Party...gehn bis wohin?...Oberkante Schambereich....bloß....heute wie gestern....mein Ikonentod.... überdauert heißes Blubblut...jedoch...selbst schon...und Prost... Klaus nicht mehr...abgeschossen...Sturzflug...aber nicht ins Bodenlose...nein...rrrummss....ich finde....IHM steht das Nessushemd....wie eingegossen.....kotzt er.....irgendwas mit Kartoffeln...und ist so satt...und mag kein Blatt...mehr...stehend in knöcheltiefer Narretei...ei-ei...sieh da!...Sie da....sein Weib....beweint ihn rot und trocken.....soll ich wagen....Charme und Beileid Ihr anzutragen?...NEIN...dabei hätt ich doch so gern... en passent....aber mir reichts....die Bösewichtigen und Gutstütigen...alle...ich hau ab...ehe die Pferde janz mit mir durchjehn...mit schönen Jrüßen vom kleenen Hans...nee...ich hab keene Angst...vor jroßen Tieren....sind unjefährlich....is nur an den Haarn herbeijezoogen....und an freudmütijen Rauschebärten....Auf Wiedersehn....kein Lied....ein Wunsch...Benzin...und ich...das Ende...Kains Keule...der Sätze Punkt...der olympische Fackelträger....zu Grabe....zu Ehren....zu guter Letzt...DENN DER GÄRTNER WARS....wie immer....oder die Zofe....alter Filme Helden...